ADDITIONS AUX CONFÉRENCES

SUR LES DEVOIRS

DES INSTITUTEURS PRIMAIRES [1]

AGE OU L'INSTITUTEUR DOIT SE RETIRER DE L'ENSEIGNEMENT.
— L'EXACTITUDE, L'ORDRE ET L'ÉCONOMIE SONT, POUR
LUI, LES SEULS MOYENS DE FAIRE FORTUNE. — IL NE DOIT
PAS S'OCCUPER DE COMMERCE. — IL NE DOIT PAS, NON PLUS,
PAR AMOUR DE L'ARGENT, CONTRARIER L'ÉTABLISSEMENT
DES ÉCOLES DE FILLES, SE MÊLER DE CHICANE ET DE
PROCÈS, FAIRE TRAVAILLER SES ÉLÈVES A SON PROFIT ET
CHANGER D'ÉCOLE, DANS LA SEULE VUE D'UNE AUGMENTA-
TION DE TRAITEMENT. — SA VIE. — SES DISTRACTIONS
LITTÉRAIRES. — SA DEMEURE. — LE PASTEUR OBERLIN.

> Cet homme était simple et droit de cœur, il craignait
> Dieu, et fuyait le mal.
>
> (JOB, ch. 1, v. 1.)

> Approche-t-il du but, quitte-t-il ce séjour,
> Rien ne trouble sa fin : c'est le soir d'un beau jour.
>
> (LA FONTAINE.)

Messieurs,

Un prêtre vous a enseigné vos devoirs envers le pays,
un instituteur va se charger de vous tracer ceux que vous
avez à remplir envers vos concitoyens; le tableau de sa vie
sera le guide de la vôtre. Cette fois encore, j'ai emprunté à
un autre les conseils que j'avais à vous donner, et j'ai mieux
aimé qu'un confrère, vous instruisant par son exemple,

[1] Cette Conférence, que M. Salmon ajoute à ses premières, devrait y
trouver sa place entre la 5e et la 6e. (*Note de l'Éditeur.*)

vous montrât ce que devaient être, au dehors de l'école et dans la commune, vos relations habituelles, que de vous le dire moi-même, en vous apprenant à les former. Écoutez la lettre que ce vieillard écrit à son fils, élève d'une école normale; peut-être votre vie vous plaira-t-elle davantage, quand vous verrez de quel calme et de quel bonheur il a joui durant les longues années de la sienne.

Mon cher enfant,

Nous touchons à une époque qui me remplira de joie, et cependant je ne puis y songer sans en concevoir à l'avance une véritable affliction : c'est que le jour où tu entreras dans la carrière, j'en sortirai; je le sens, alors que mon cœur, mes habitudes, et peut-être aussi ce besoin d'action qui n'abandonne jamais entièrement l'homme dont la vie a été occupée par le travail, me retiennent encore dans mon école; un autre besoin, celui de la tranquillité, l'âge, qui a diminué mes forces, et le devoir, qui est notre première loi, me pressent d'en sortir.

Ce qu'il me faut à soixante-dix ans, c'est un exercice moins violent et mêlé de plus de repos, une vie animée d'une action plus douce et plus égale, surtout moins tourmentée de secousses et d'agitations. La tenue de ma classe exige de mon esprit une tension qu'il ne peut plus lui donner sans fatigue, une exactitude à laquelle je ne puis plus m'astreindre sans augmenter mes infirmités; si je veux vivre encore un peu, si je veux te voir reprendre ma tâche, pour la continuer, et réjouir ma vue par le spectacle du bien que le temps ne m'a pas permis de faire, et qu'il te sera donné d'accomplir, il faut que je te cède ma chaire et que je te remette un fardeau que je ne puis plus porter.

L'instituteur, mon cher enfant, ne doit pas s'abuser; il ne peut pas jusqu'au dernier jour de sa vie rester propre à l'enseignement : dès que son intelligence s'affaiblit, que sa mémoire se perd, que sa vue baisse, que son oreille s'endurcit, qu'en même temps que sa fermeté moins soutenue s'est relâchée de sa vigueur, sa patience aigrie s'est changée en rudesse ; que chez lui la vocation refroidie a transformé le dévouement en une exactitude qui n'a plus rien que de matériel ; que la sagacité toujours défiante et sur ses gardes a fait place à une crédulité qui donne dans tous les piéges de l'écolier, et qu'enfin tout à la fois l'intelligence et les organes, lui faisant défaut, trompent sa volonté et lui refusent leur concours, le moment est venu pour lui de se retirer, emportant les bénédictions de la commune et des pères de famille, s'il ne veut pas, en continuant d'occuper un poste auquel il est dévenu désormais insuffisant, détruire le bien qu'il a fait, compromettre celui qu'un autre peut faire après lui, subir l'ignominie d'une retraite imposée par la force, et n'obtenir, pour tout prix de ses jours usés dans le travail, que la tiède indifférence des amis, qui ont cru le servir assez en ne se joignant pas aux ennemis qui ont fait prononcer son expulsion.

Je me retire donc, mon cher enfant, assez à temps pour qu'on me regrette peut-être, ou pour qu'on se souvienne de moi ; je me retire surtout pour rester considéré, si j'ai été aimé : mais est-ce une retraite que de t'avoir pour successeur et de voir la commune, satisfaite des services du père, réclamer ceux du fils ? Ah ! cette retraite après laquelle je soupire est pour moi un bonheur et un triomphe : accours donc avec ton brevet, et que bientôt je puisse dire à mes élèves, qui sont maintenant mes concitoyens : « Vous ne m'éloignez pas de vous, puisque vous appelez mon fils dans mon école ; je ne vous abandonne point, puisque je vous le laisse pour me remplacer ; je travaillais pour vous quand je vous donnais mes leçons, j'y travaillais encore en aidant l'État à former un maître pour vos enfants. »

Viens donc, mon cher fils, tu me verras encore quelquefois dans ton école ; mais plus souvent, tu entendras mes conseils ; nous parlerons de tes devoirs, de ta tâche, de ses difficultés, et mon expérience te livrera plus que tu ne crois de ces secrets de l'enseignement que le temps seul révèle à ceux qui se sont voués à sa pratique. Je voudrais t'aplanir

la route que tu vas parcourir ; car, sous les fleurs dont elle
est semée, elle cache des écueils, et ceux qui te convient
maintenant à y suivre la voie que je t'y ai tracée seront
bientôt peut-être les premiers à t'y susciter des obstacles.
Rien n'est changeant comme la faveur populaire ; plus qu'à
personne, il est difficile à l'instituteur primaire de la fixer.
Je ne veux pas ici te parler des bonnes grâces du maire, du
pasteur, du conseil municipal, du comité local, ni même des
pères de famille, à l'égard desquels vos maîtres vous apprennent, sans doute, à vous conduire, mais des citoyens
qui, n'étant par leur position appelés à exercer aucune
surveillance sur lui, semblent par cela même les plus éloi-
gnés de l'instituteur : il ne peut rien sur l'existence de personne ; il n'est pas un homme, quelque obscur qu'il soit,
qui ne puisse exercer une sérieuse influence sur la sienne :
en effet, l'instituteur peut obliger cet homme ou lui dé-
plaire, et cet homme servir ou dénoncer l'instituteur,
former une cabale pour le poursuivre ou s'associer aux
hommes paisibles, aux honnêtes gens pour le soutenir. Tu
ménageras donc tout le monde, et tu te rendras à chacun
le plus utile que tu pourras ; les services qu'on nous demande dépendent ordinairement de nous, et on n'en réclame jamais guère ceux qui ne seraient pas dans notre
pouvoir et dans nos goûts, ou qui nous jetteraient hors de
notre caractère et de nos habitudes. Tu le vois, mon enfant, tes relations tiendront de ta vie ; elles seront prudentes
et réservées, et la sagesse de ta conduite deviendra le gage
de ta tranquillité et de ton bonheur.

Dans l'intérieur de ton ménage, tu feras régner la décence et la propreté, ce sera ton luxe ; tu y feras régner
aussi l'ordre et l'économie, ce sera ta richesse. Exact dans
ton école, tu le seras également dans tout ce qui se rappor-
tera à tes intérêts particuliers : il ne faut pas que, dans sa
petite administration, l'instituteur laisse quelque chose en
arrière ; de même qu'il payera à temps le bois dont il ap-
provisionne son foyer, le vivre qu'il achète pour sa table ;
sa femme labourera en saison convenable son champ et son

jardin. Ici garde-toi que l'amour de l'argent ne te conduise à un excès redoutable, et qu'un désir trop grand de faire fortune ne t'entraîne dans ces spéculations qui distrayent l'instituteur de son école et le dépouillent du sacerdoce pour le faire descendre aux sordides calculs du trafic. Rien de beau et d'utile comme le commerce pour le commerçant; rien d'étroit et de nuisible comme le négoce pour l'instituteur : il ne saurait s'y livrer, que ses devoirs n'en souffrent; il semble que sa classe lui dérobe quelque chose quand son heure sonne sans qu'il ait fait son profit, et, à force d'attacher toujours plus de prix à l'argent, il ne voit plus dans sa mission que le lucre qu'elle lui rapporte; il se plaint parce qu'il n'en retire pas assez, parce que le traitement est trop faible, parce que la rétribution mensuelle est trop difficile à recouvrer, parce qu'il a trop peu d'élèves, parce qu'il en a trop de gratuits. Malheur alors à l'enfant du pauvre dont le conseil lui impose l'éducation comme un devoir de sa place : il le délaisse ou il le maltraite : comment voulez-vous que sa charité s'étende à d'autres, s'il rudoie ou abandonne ainsi ceux à qui il donne une instruction que lui payent l'état et la commune, qui les adoptent?

C'est cet amour aveugle de l'argent qui a fait la perte d'un de mes voisins; il avait du patrimoine, un bon traitement et d'excellents produits qu'il devait à une école trop nombreuse, à la vérité, pour qu'il pût, avec le mode d'enseignement qu'il suivait ou sans sous-maître, la conduire avec succès : on s'en aperçut, le curé et le maire les premiers; ils saisirent cette occasion pour demander qu'on séparât les deux sexes réunis dans cette école; qu'au lieu d'une seule, la commune en eût deux, et qu'elle confiât celle des jeunes filles à une institutrice : le projet était raisonnable. Tout rentre dans l'enseignement élémentaire : le jeune garçon y apprend non-seulement la langue, l'écriture et le calcul, mais aussi les devoirs et tout ce qui concourt à faire de l'homme un bon père de famille et un bon citoyen; de même la jeune fille doit y apprendre tout ce qu'il faut pour devenir une mère tendre et éclairée, une ménagère

intelligente et laborieuse. L'instituteur ne saurait lui offrir
un pareil enseignement : ira-t-il, en effet, lui montrer les
ouvrages à l'aiguille, la tenue du ménage, l'art de conserver
les fruits, et même les travaux de la cuisine ? Qui ne gémi-
rait si, toutes les mères venant à succomber le même jour,
les jeunes filles devenues orphelines étaient abandonnées,
pour leur éducation, aux soins de leurs pères : c'est cependant ce qui arrive à toutes celles qui sont élevées par des
instituteurs. Donnée par des femmes, l'éducation n'est pas
assez mâle pour de jeunes garçons ; donnée par des hommes, elle l'est trop pour de jeunes filles.

D'ailleurs, il y a dans l'enseignement, comme en toutes
choses, des convenances qu'il faut observer pour produire
l'harmonie : en alliant les contraires, on marche droit au
désordre avec la certitude de manquer, au lieu de l'atteindre,
le but qu'on se proposait. La jeune fille timide se sent bien
plus de penchant pour la maîtresse que pour l'instituteur :
elle s'approche sans crainte et riante de la première ; tandis
que la voix pleine et l'air sévère du second l'étourdissent et
l'effrayent. Il en est ainsi dans la famille : tremblante devant
le père, la jeune fille n'ose rien lui avouer ; rassurée à la vue
de sa mère, elle lui confie tous ses secrets. Convenons-en,
mon enfant, les femmes ont pour élever les femmes une
douceur, une bonté, un certain tact, un certain art de se
faire comprendre, de se faire aimer et de se faire obéir, un
je ne sais quoi enfin qui compose une aptitude particulière
que les hommes ne posséderont jamais.

Mon voisin que j'ai un peu perdu de vue (c'est l'effet de
l'âge), contraria les sages intentions du maire et du curé ;
à l'aide de ses parents et de ses amis, il organisa, dans le
sein du conseil municipal, une opposition qui lutta longtemps contre leurs projets et qui produisit dans la commune
une division d'autant plus fâcheuse, qu'elle réagit sur l'administration des affaires et sur les relations privées. Enfin,
le maire et la raison l'emportèrent ; celle-ci se serait con-
tentée, pour son triomphe, de l'érection d'une école de filles ;
celui-là exigea plus et il obtint le changement de l'insti-

tuteur qui avait si imprudemment levé son drapeau contre le sien.

Réjouis-toi, mon enfant, tu n'auras pas à lutter contre de pareilles difficultés : appelées par mes vœux et par les avances des autorités, des Sœurs d'école sont venues alléger ma tâche et prendre la moitié de mon fardeau la plus lourde, puisque je sentais que je ne pouvais plus convenablement la porter.

La cupidité, qui inspira l'opposition dont je viens de te faire voir les dangers, ne te compromettrait pas moins, si, au contraire, dans d'autres circonstances, elle te conseillait certaines complaisances.

L'instituteur est ordinairement un des hommes les plus lettrés de la commune, et c'est à lui qu'on recourt généralement, quand il s'agit de sanctionner, par un titre, un marché important ou un arrangement qui termine un procès : on ne saurait que le louer de devenir ainsi l'instrument de la réconciliation et le rédacteur d'une transaction qui sera la loi des parties ; cependant, ce ministère d'arbitre a ses dangers qu'il doit soigneusement éviter. Un jour, l'instituteur prête sa plume pour obliger, il en refuse le loyer, mais on le force à l'accepter, et, à la fin, cet argent qu'il reçoit lui sourit plus que le service dont il est le prix ; dès ce moment, il n'a plus pour mobile que le gain, et comme, à mesure que l'on vient à lui, la bonne opinion de sa capacité se répand plus loin, sa clientèle s'étend, il ne tarde pas à se pénétrer de son mérite et à croire à sa propre importance ; il se regarde comme indispensable, et ne se refuse plus à personne : il n'écrit pas seulement pour ceux qui se réconcilient, mais aussi pour ceux qui plaident ; il n'est plus un tiers qui s'entremet, mais un adversaire dangereux qui, sans s'inquiéter de quel côté est le bon droit, prend parti pour celui qui flatte le plus sa vanité, ou paye à plus haut prix son patronage mercenaire ; les actes les plus communs et les plus faciles sont au-dessous de lui, il aborde les partages et les liquidations ; le simple bon sens ne lui suffit plus, il ouvre la loi, pâlit sur ses commentaires, et, quand il s'est fait entrer un peu de droit dans l'esprit, il s'imagine qu'il est devenu un homme savant et habile, et se pose en jurisconsulte. Le public, en cela, est d'accord avec lui, et, en lui donnant le titre de *notaire sous seing privé* ou d'*avocat de village*, il attache à son nom une appellation qui est, auprès des hommes sages, tout à la fois le cachet du ridicule et le sceau de la réprobation.

Malheur à l'instituteur qui la mérite : il est plus craint qu'il n'est aimé ; la confiance des plaideurs lui a fait perdre l'estime des honnêtes gens. Laissons à chacun son métier, c'est le moyen de bien faire le nôtre. Nous nous plaignons de l'instituteur qui ouvre une école à côté de la nôtre ; que voulons-nous donc que pensent de nous l'avocat, le notaire dont nous usurpons les fonctions sans diminuer leurs profits, car nos partages brouillent plus de familles qu'ils n'en réconcilient, et nos conseils font naître plus de procès que nous n'en terminons ?

En effet, la rédaction des actes, l'intelligence et l'application de la loi ne sont pas des choses qui tombent sous le sens du premier venu ou qui s'apprennent en un jour ; ce n'est pas l'arpentage que nous faisons pour nos voisins, le bail d'un champ que nous rédigeons pour le cultivateur et le manœuvre, qui sont difficiles, mais les ventes de prés, de vignes, de maisons, ces contrats de société, ces constitutions de servitudes, ces obligations nombreuses que nous essayons en vain de faire passer dans une rédaction correcte et prévoyante ; ce ne sont pas ces textes naturels comme la raison, clairs comme la lumière du jour, qui se conçoivent avec peine, mais le sens intime et presque caché d'un mot, d'une lettre, d'une virgule qui nous échappe ; l'esprit du code dont nous ne saurions nous pénétrer, l'ensemble de ses dispositions que nous ne saurions embrasser, les relations des moindres d'entre elles que nous ne saurions saisir.

Tout cela, l'homme seul avec le secours des livres ne l'apprend pas ; il lui faut, pour y parvenir, des études préliminaires, plusieurs années de sa vie, la direction de savants maîtres, les conseils de l'expérience et les indispensables enseignements de la pratique. L'instituteur le trouvera-t-il seul, au coin de son feu, dans l'intervalle d'une classe à l'autre et dans ces livres superficiels que des écrivains mal inspirés ont publiés pour mettre, non la loi, mais les procès à la portée de tout le monde [1]? On dit qu'il faut travailler six ans chez un notaire avant de l'être en titre, et étudier trois ans le droit dans une école avant d'obtenir le titre d'avocat et de donner un conseil; d'après cela, je ne comprends pas qu'il puisse se trouver des instituteurs qui ouvrent, pour ainsi dire, à côté de leurs écoles, des études et des bureaux de consultation, et qui se présentent sur la place publique pour y faire des enchères, ou en justice pour y assister des plaideurs.

Oh! loin de les louer ou d'envier l'argent qu'ils retirent de ce triste métier, il faut les maudire, car Dieu les a abandonnés, puisqu'il leur retire cet esprit de justice et de concorde, de charité et de désintéressement qui est l'âme de notre glorieuse mission. Qu'ils desservent chèrement cet argent que la chicane fait tomber dans leurs mains! pour un de leurs concitoyens qu'ils ont aidé de leur concours et qui ne leur en est pas plus attaché, il en est dix qu'ils ont désobligés et dont ils se sont aliéné l'estime et l'affection.

Ici l'homme de loi ne s'est créé aucun appui, tandis qu'il a enlevé à l'instituteur tous ses amis, et les plaideurs dans lesquels l'avocat véritable n'eût trouvé que des adversaires, le maître d'école s'en est fait d'irréconciliables ennemis.

Mon cher enfant, quand tu auras mon âge, tu le comprendras comme moi : pour les gens tracassiers, les procès ont un attrait irrésistible. Souvent le moyen de les augmenter, c'est d'en rapprocher les instruments de ceux qui les intentent. Ne deviens pas un de ces instruments, n'accepte pas un pareil rôle; le seul qui te convienne, qui convienne

[1] Ceci ne doit pas s'entendre des principes élémentaires du droit, qui ne sont autres que ceux de la morale. Heureux qui pourrait, en les enseignant aux enfants, éclairer les hommes sur leurs devoirs, et les leur faire aimer pour mieux les remplir !

à l'instituteur, c'est de contribuer à prévenir les contestations, en répandant cet esprit de douceur et de patience, de bienveillance et d'équité, qui procède de celui dont je te parlais tout à l'heure, et qui fait plus pour les empêcher de naître que tous les tribunaux du monde pour les terminer, quand elles ont vu le jour.

Je n'entends pas cependant te fermer tous les titres du Code civil, et t'interdire la lecture de toutes les lois que contient le Bulletin ; tu seras secrétaire du maire de la commune, en cette qualité tu rédigeras les actes de l'état civil, tu prépareras le budget municipal, et tu feras toutes les écritures que nécessitera l'administration municipale ; il faudra bien que tu étudies les dispositions de nos codes, les lois, les ordonnances, les instructions et les circulaires qui règlent la forme de cette administration. Cette étude sera sans dangers, car elle n'engendrera pas de procès, elle sera sans difficultés, car les objets qu'elle comprend, quoique variés, sont assez bornés, et les formulaires ainsi que les manuels y pourvoient ; cependant, il faut que je te l'avoue, je n'en connais jusqu'à ce jour aucun qui me satisfasse entièrement. Il viendra sans doute un temps où, dans les écoles normales, le jeune instituteur recevra des notions élémentaires d'administration municipale, qui le mettront en situation d'assister utilement, dans cette partie de ses fonctions, un maire qui, pris à sa charrue pour devenir le chef de la commune, est plus étranger que lui à la pratique de son administration. Ces notions compléteraient dignement le cours de tenue des registres de l'état civil ; elles comprendraient la rédaction du budget, le règlement des comptes, la liquidation et l'ordonnancement des dépenses, l'adjudication des travaux, la location et le partage des biens communaux, la distribution des affouages, l'entretien des édifices publics et des chemins vicinaux, l'ouverture des parcours, le curage des ruisseaux, le contrôle de la garde nationale, le recrutement de l'armée, la rédaction des listes électorales, l'alignement des rues, l'inscription des mutations, la répartition de l'impôt direct, la vaccine et la police municipale. Le nombre de ces matières ne doit pas t'effrayer, l'étude de chacune te demandera assez peu de temps; les circulaires de l'administration te serviront de guides; mais sa tâche serait moins pénible, et la tienne serait rendue singulièrement facile, si on t'avait préparé, à l'école, à la remplir; si un manuel de quelques pages, enrichi de quelques formules, écrit d'un style simple et correct, exposant dans un ordre méthodique les principes les plus élémentaires, et s'appliquant à tracer à l'administrateur sa marche, plutôt qu'à lui faire connaître pas à pas le terrain qu'il doit parcourir, t'initiait aux secrets d'une science où la pratique a une plus grande part que la théorie, où même le contentieux est réservé au magistrat supérieur, tandis que son subordonné doit alors se renfermer dans la production des renseignements qu'il réclame.

La cupidité est un démon dont il faut te défier; je t'ai signalé quelques-uns de ces pièges, dont, je l'espère, tu sauras te préserver; en voici d'autres qu'il pourrait te tendre, et dans lesquels tu dois te garder avec autant de soin, de tomber.

Il arrive souvent que, parmi ses élèves, l'instituteur en compte qui, parvenus à l'adolescence, et déjà habitués aux travaux du ménage ou des champs, ne demandent pas mieux que de lui rendre, les jours de congé ou dans l'intervalle des classes, des services qu'il met à profit pour sa culture et pour la tenue de sa maison. Il doit renoncer à tirer parti de leur bonne volonté; leurs études en souffriraient; car il n'est guère possible de faire marcher de pair les travaux du corps et ceux de l'esprit; les bras ne s'arrêtent pas toujours où la fatigue commence; et l'intelligence, qui se fût reposée à la faveur d'un exercice modéré, fléchit et s'épuise, accablée sous le poids d'une action trop vive et trop prolongée. D'ailleurs, les parents des élèves peuvent trouver mauvais qu'ils travaillent pour le maître, ou se montrer plus exigeants envers lui, en raison des services que ces enfants lui rendent; d'un autre côté, je suis convaincu que l'instituteur qui accepterait leur travail un jour, leur témoigne-

rait son mécontentement; s'ils s'en relâchaient le lende-
main, et peut-être arriverait-il que, spéculant sur le profit
qu'il peut en retirer, il songeât plutôt à les exploiter qu'à les
instruire. Ah! je n'aurais jamais souffert, mon enfant, qu'un
élève labourât mon champ ou portât ma récolte; qu'une
jeune fille, assistant ma compagne, lavât notre linge ou ré-
parât nos vêtements. J'ai toujours pensé que, si mon école
était ma seconde famille, ce n'était pas pour partager les
peines et les labeurs de la première, mais pour participer
avec elle à ma tendresse, à mes soins et à mes instructions.

L'homme cupide est ingénieux à se tourmenter lui-
même; mécontent de sa position, jaloux de celle des autres,
il n'aspire qu'à quitter la sienne pour s'emparer de celle
qu'ils occupent : instituteur, il ira de commune en commune, d'école en école, et, pour peu qu'il conçoive l'espoir
d'ajouter quelques francs à ses émoluments, il se présen-
tera à tous les concours, desservira tous ses confrères pour
l'emporter sur eux ou se faire appeler dans la chaire qu'il
leur dispute ou dont il s'efforce de les déposséder. Que dire
d'un pareil homme, mon enfant? Qu'il est impossible que
la vocation et la religion lui aient fait entendre leur voix, et
que l'enseignement, malgré la grandeur de sa mission, ne
lui est apparue que comme un métier. Je te garde ma place,
mon enfant, et j'espère que le ciel, dans sa colère, ne t'obli-
gera pas un jour à en chercher une autre. Mais s'il arrivait
que tu fusses exilé de ma chaire, au nom de Dieu, je te le
recommande, ne frappe jamais à la porte d'une autre qu'elle
ne soit vide, ou que celui qui l'occupe ne te réponde qu'il
la quitte volontairement, et ne te tende la main pour y
monter. Oh! fasse le ciel que tu n'en sois pas réduit à cette
extrémité, et qu'appelé par la bonté et la confiance de tes
concitoyens à élever leurs enfants, tu t'attaches à cette
commune, en contractant avec elle une de ces unions
saintes et indissolubles, qui enchaînent la conscience par le
lien du devoir, et le cœur par celui de l'amour et de la vocation! L'un et l'autre sont bien plus forts, quand ils se
fixent et qu'ils ne sont plus troublés par les mouvements

de l'ambition, car, dédaignant ce qu'elle possède, elle aspire sans cesse à un mieux qu'elle ne rencontrera nulle part. Il en est qui, par une noble émulation, se dévouent tout entiers à l'accomplissement d'une tâche facile, afin qu'une plus importante leur soit confiée ; mais ils sont bien plus nombreux ceux qui méprisent un emploi modeste et le négligent dès que l'espoir d'un plus élevé leur sourit ; ils sont indignes de notre ministère, du moment qu'ils ouvrent leur âme à de pareils sentiments, et que l'orgueil, non moins que la soif du gain, les tourmente de cette fièvre de changement. Grande ou petite, largement ou étroitement rétribuée, à la ville comme à la campagne, partout une école nous impose les mêmes devoirs. Ne devons-nous pas, en effet, dans le sein d'une contrée opulente, comme dans ces pauvres hameaux qui se perdent au fond des montagnes, élever la jeunesse, répandre les lumières, et former des citoyens ? Partout donc le même prix est promis à nos efforts, partout la protection du gouvernement, la bienveillance de la commune, la reconnaissance des pères de famille, la conscience du bien que nous faisons nous attendent et nous promettent, pour nous reposer de nos fatigues, cette sérénité de l'âme, ce calme des passions, cette douce uniformité de la vie qu'il est donné à un si petit nombre de goûter ici-bas.

Une fois que tu seras assis à la place que je te réserve, bannis de ton cœur toute idée de changement, tout désir d'une position meilleure, tout projet qui t'éloignerait de cette école avec laquelle tu as fait une alliance que tu ne rompras pour aucune autre, et tu trouveras dans la vie de l'instituteur, qui t'avait jusqu'alors paru remplie de tant de fatigues et semée de tant de difficultés, une tranquillité, une joie, un bonheur que tu n'aurais jamais osé lui demander. Ce qui rend celle des autres hommes si malheureuse, ce qui fait que si peu en soient contents, ce sont les passions qui l'agitent, les vicissitudes qui la traversent, les excès mêmes qui y jettent le désordre et en précipitent le dénoûment. Pour celle de l'instituteur donc, rien n'en trouble le calme et la régularité; une pensée unique, celle du bien, l'anime constamment; la modération qui l'ordonne et qui en est le principal caractère, la préserve des langueurs et des secousses; rassuré sur cette existence matérielle qui fait le souci de tant d'autres, l'homme dont elle est le lot n'a qu'une tâche qui est toujours la même, et mille succès pour le récompenser quand il l'a remplie; car, s'il enseigne sans cesse, sans cesse ceux qu'il forme et qu'il instruit se succèdent et se renouvellent.

Comptable de son temps envers la commune qui s'est attaché ses services, il sait ce que le devoir lui prend d'heures de la journée, ce qu'il lui en laisse pour les donner aux soins de la famille ou à d'innocentes distractions. Libre alors pendant les heures dont le règlement lui permet de disposer, il s'appartient à lui-même. Que de jouissances lui ménage un bon emploi de ces heures de relâche : il a un petit champ, un jardin, une vigne; la saison venue, il prend la houe ou la serpe et y va cultiver la terre, émonder ses arbres ou tailler ses ceps; utile exercice, qui ranime ses forces en les excitant, et les empêche de s'engourdir, sans cependant les fatiguer. Il a des voisins, il tiendra à vivre avec eux sur le pied d'une bonne intelligence; prudent, réservé dans les relations qui naîtront nécessairement d'un fait purement accidentel, il ne les a commencées qu'après s'être assuré qu'il ne rencontrerait dans ses voisins que d'honnêtes gens; il ne les entretient qu'autant qu'un commerce facile, des habitudes régulières et des mœurs irréprochables les rendent pour lui sans dangers. Par goût, par raison, il ne se livrera qu'à un petit nombre d'amis intimes; par position et par nécessité, il devient cependant l'homme de tous, et chacun se met en contact avec lui. Que ces rapports se ressentent de la gravité et de la douceur de son caractère : poli, respectueux, suivant l'âge et non suivant la condition, il se montrera empressé, obligeant pour le pauvre comme pour le riche; ils le trouveront également reconnaissant des services qu'ils lui auront rendus, également prêt à les payer de retour; son conseil sera modeste;

son aumône discrète; sa bouche, fermée au mensonge, ne s'ouvrira que pour la vérité, et, soigneux de se tenir à l'écart de toutes les querelles, il ne consentira à y intervenir que comme un messager de paix et un instrument de réconciliation.

Cependant toutes ces heures que l'école ne réclame point ne seront pas oisives; l'étude lui en prendra quelques-unes, soit qu'il les consacre à cette préparation qui, chaque jour, précède la classe et rappelle l'attention de l'instituteur sur ce qu'il y enseignera; soit qu'il les emploie à sa propre instruction; soit enfin qu'il les donne à une simple lecture, qui n'aura d'autre but que de le distraire ou de lui faire acquérir des connaissances nouvelles, utile accessoire de sa profession. Le choix des livres où il les puisera n'est pas indifférent; beaucoup se disputeront l'honneur de le fixer, car beaucoup n'ont vu le jour que parce qu'ils en affectaient la prétention. J'accueillerai volontiers ces ouvrages, et je les mettrai avec joie dans ses mains, si, par le fond des idées, ils tendent à développer, à entretenir chez lui l'intelligence, le sens moral et le sentiment religieux; si, par la forme, ils l'attachent et le rendent accessible aux charmes du style; si enfin un goût pur, un langage élégant, un ton simple, mais noble et sérieux, élèvent son âme pour mieux soutenir son attention. Je les éloigne de lui comme une insulte, je les proscris presque comme un danger, si une parole si commune qu'elle en est devenue triviale, des idées et des sentiments si rétrécis qu'ils l'humilient en se rappetissant pour se mettre à sa portée, une allure si familière qu'il rougit de voir la science ou la morale descendre si bas pour arriver jusqu'à lui, viennent le dégoûter de la lecture, en lui offrant dans ces livres un tableau de la vie plus vulgaire encore que celui qui frappe sans cesse ses regards. Il n'y a rien qui rehausse l'homme à ses propres yeux et l'encourage au travail comme la confiance qu'on témoigne dans ses facultés. Comptez sur son intelligence, elle ne vous manquera pas; croyez à son instruction, il fera tous ses efforts pour justifier votre bonne opinion. Autant je redoute pour l'instituteur un auteur prétentieux, ampoulé, dont les ouvrages cachent le vide des idées sous l'enflure de la phrase, autant me font trembler pour lui ces traités pâles et décolorés, où une instruction dépourvue de solidité se revêt de la forme grossière d'un racontage populaire, pour s'aliéner au lieu de se concilier l'attention du lecteur. Conservez cette forme élémentaire pour l'enfance, si elle peut s'ouvrir un passage jusqu'à son intelligence; mais avec l'instituteur allez droit au but, traitez sérieusement les choses sérieuses, veillez sur votre langage pour lui maintenir sa gravité, ne le laissez pas tomber de la hauteur du sujet, et ne vous exposez pas à manquer votre but en le rabaissant.

Il n'est pas une vérité qui ne gagne à emprunter, pour se produire, ces grâces du style qui enchantent l'oreille par leur harmonie, qui séduisent l'imagination par les tableaux animés qu'ils semblent incessamment placer sous les yeux du lecteur. La raison elle-même aime les images; elle s'en nourrit, et les plus riantes sont souvent celles qui sont les plus sûres de lui plaire.

Toutefois, je ne veux pas jeter l'instituteur dans des études littéraires dont le puissant et dangereux attrait l'éloignerait peut-être de ses devoirs, ou éveillerait en lui des besoins que, dans sa position, il ne pourrait pas satisfaire; la littérature ne saurait lui faire oublier l'enseignement; ses lectures doivent toujours se proposer une fin utile, et, alors même qu'elles n'auraient pour objet que de remplir de courts loisirs par les pures jouissances de l'esprit, il doit encore, par les impressions qu'elles déposeront dans son âme, les faire concourir à l'œuvre toujours inachevée, quoique toujours poursuivie, de son perfectionnement moral. Il aura beaucoup fait et beaucoup obtenu, si, après avoir lu quelques pages, il se sent, en fermant le livre, plus de résignation aux peines de la vie, plus de dévouement pour sa profession, plus d'amour pour l'humanité. Tel est l'effet des nobles sentiments, que les paroles qui les expriment trouvent toujours le cœur ouvert pour les recevoir, et qu'elles y pénètrent d'elles-mêmes, comme ce délicieux parfum des fleurs qui, avant que l'œil ne les aperçoive, ravit les sens à leur insu. Que l'instituteur se compose donc une petite bibliothèque où il n'admettra que ces auteurs peu nombreux qui ont reçu du ciel le don précieux, faut-il dire la mission divine, de nous charmer, en nous portant à la vertu, et de nous rendre meilleurs, en nous procurant de si douces jouissances.

Voilà, mon fils, la vie que te prépare la profession que tu vas embrasser; le bonheur y dépend de toi; il dépend un peu aussi des autres, des relations que tu entretiens avec eux, des rapports qu'ils ont avec toi; il dépend encore, et plus que tu ne crois, d'un accident qui tient cependant de la volonté de la commune : je veux parler du toit sous lequel tu dois résider. Le bonheur ne va point sans la commodité de l'existence, et cette commodité se lie intimement à l'heureuse distribution de notre logis, à sa salubrité, à sa situation triste ou riante, au jour qui l'éclaire, aux aisances qui l'entourent; il n'y a pas de doux rêves que tu ne puisses faire dans une maison où tu respires un air pur, où le soleil vient te réjouir à toutes les heures de la journée, où l'ombre d'un verger te protége contre ses ardeurs, où sa verdure repose tes yeux fatigués par l'étude. Partout le contentement et la joie y sont sous ta main; car, d'un côté, tu as ton école, et, de l'autre, ta famille, où le maître, le père et l'époux trouvent enchaînés l'un à l'autre un travail dont les fruits sont des bienfaits, et ces tendres émotions qui font si aisément oublier la peine et les soucis. Je t'en parle par expérience, car tout ce que je te rappelle, je l'ai ressenti dans l'humble maison que la commune a bâtie pour moi; plus d'une fois elle m'a été enviée par des voisins qui mouraient de tristesse et d'ennui dans les vastes appartements d'un palais que la vanité municipale leur avait élevé au milieu des chaumières; le faste s'y étalait partout, mais les commodités de la vie y étaient négligées; et tandis que les pauvres du village maudissaient ce luxe qui avait épuisé les ressources locales et chargé outre mesure les portions du champ commun, l'instituteur lui-même, embarrassé de tant d'espace, n'était point à l'aise dans cette maison immense. En vain il s'était ruiné à la meubler, les murs en étaient toujours à nu; en vain sa famille s'y rassemblait, elle ne paraissait jamais réunie; il sentait ses exigences augmenter avec son local, car, sans que nous nous en doutions, nos pensées et nos désirs se mesurent à notre vie, et ils prennent, en quelque sorte, le moule du lieu que nous habitons; content de peu sous le chaume, il ne l'était de rien sous ce dôme qui s'étendait sur sa tête; le traitement n'était pas en rapport avec le logement, les déférences avec la position; et lorsque intérieurement il se plaignait qu'on ne fît pas assez pour lui, il n'était pas un citoyen qui, jaloux de sa magnifique résidence, ne se plaignît hautement d'avoir plié, pour la lui élever, sous le poids des contributions.

J'ai connu, j'ai aimé longtemps et je regretterai toujours un grand maître qui fut le bienfaiteur d'une contrée, qui tira de la simplicité de sa vie un nouveau lustre pour son nom, et qui rencontra, dans un intérieur modeste, cette simplicité même sans laquelle il n'aurait pu accomplir sa noble mission. Si le pasteur Oberlin eût habité un palais, on l'aurait certainement admiré, mais il n'eût pas attiré vers lui par le contraste de si grands résultats obtenus par de si faibles moyens. Il semblait que la vertu fût descendue dans sa demeure pour n'y être que l'égale des plus humbles, et leur apprendre de plus près à bien faire par la seule et persévérante volonté de faire le bien. Laisse-moi te parler de ce digne instituteur; au lieu de t'entretenir de tes devoirs, de t'ouvrir la carrière et de te signaler des écueils, j'aurais dû te raconter sa vie et te montrer ses exemples pour soutenir ta faiblesse : car rien ne nous préserve du mal comme la vue du bien; l'homme qui hésite entre les deux se résoudrait pour celui-ci, si une bonne action, en frappant ses regards, le détournait de celui-là.

La Providence, qui avait, sans doute, fondé sur Oberlin de grands desseins, l'envoya, en 1767, dans une pauvre paroisse située sur le versant de la chaîne des Vosges et comme perdue au milieu de ces montagnes. On la désignait sous le nom de Ban-de-la-Roche ; elle comprenait cinq villages qui comptaient tout au plus six cents âmes de population ; le sol y était inculte, l'homme essayait à peine d'en tirer sa nourriture ; quelques chaumières éparses, quelques sillons couverts d'une maigre récolte ou d'une herbe rare et chétive, étaient les seuls signes auxquels on pût reconnaître que cette contrée était habitée. Il n'y avait qu'une école pour ces cinq villages ; une salle basse, étroite et malsaine, où un petit nombre d'enfants étaient entassés pendant quelques mois de l'année, en formait tout le local. L'aspect d'une si grande misère ne découragea pas Oberlin, et, loin de se résigner à la partager avec son troupeau, il résolut de l'en faire sortir ; il sentit son ardeur s'accroître avec les difficultés, et peu s'en fallut qu'en voyant sa misère, il ne s'en réjouît pour se donner la joie de la soulager. Pour mieux servir ses ouailles ; il se fit pauvre comme elles ; négligeant ce qui le concernait, au lieu de songer à relever ou à embellir son presbytère, il resta dans sa chaumière afin de se faire aimer davantage, et, certain de diriger la volonté de ces pauvres gens, du moment qu'il possèderait leur amour, il porta ses regards sur leurs besoins pour les satisfaire.

L'instruction de l'enfance fixa d'abord son attention.

Il obtint des habitants des cinq villages qui composaient sa paroisse, qu'ils se cotiseraient pour construire une maison d'école ; il y contribua de sa bourse pour une part considérable, prit l'engagement d'entretenir à ses frais cette maison une fois qu'elle serait bâtie, et en dirigea lui-même la construction. Bientôt, grâce à sa persévérance, l'édifice fut élevé, et, une noble émulation s'emparant des autres villages du Ban-de-la-Roche, ils ne tardèrent pas à en fonder de pareils, et, en peu de temps, tous eurent chacun leur maison d'école. Les enfants y accouraient en foule, mais Oberlin les voyait avec chagrin perdre inutilement les heures si longues qu'ils passaient hors de la classe ; d'un autre côté, beaucoup étaient trop petits pour fréquenter l'école, leurs mères étaient obligées de rester à la maison, pour les garder, ou de les emporter avec elles à la campagne, au risque de compromettre leur santé. Il eut l'idée de les réunir dans des salles spacieuses qu'il disposa à ses frais dans chaque village ; il leur donna, pour les diriger, des conductrices qu'il instruisit lui-même et qu'il paya de ses propres deniers. Les jeux mêlés de chants, le dessin s'essayant à l'enluminure des estampes, des promenades dans les champs et la récolte des simples, le travail du tricot et de la couture, le filage de la laine et du coton, c'étaient là les exercices auxquels ces enfants se livraient, sous la direction de ces conductrices. Telle fut l'origine des salles d'asile et des écoles d'adultes, dont la France doit revendiquer la création pour sa gloire et pour celle d'Oberlin.

L'éducation de la jeunesse avait la première place dans sa sollicitude, rien ne lui coûtait pour l'étendre et l'assurer. C'est dans ce but qu'il voulut ne s'en rapporter qu'à lui-même du soin de former les maîtres qu'il plaçait à la tête des écoles de sa paroisse ; pour entretenir leur savoir et assurer les progrès de l'enseignement en y maintenant l'unité, qui est le germe de l'émulation et le gage de la durée, toutes les semaines, il les réunissait près de lui, dissertait avec eux des diverses matières de l'enseignement, ranimait leur zèle, encourageait leurs efforts et organisait ainsi, près d'un siècle avant nous, ces conférences que nous avons tant de peine à établir de nos jours et à maintenir, quand elles sont établies. Ce n'était pas assez de former des instituteurs, de les éclairer par ses conseils ; souvent, pour les juger à l'œuvre et leur montrer comment il fallait instruire l'enfance, il se rendait dans leurs écoles, y examinait leurs élèves et leur donnait lui-même ses leçons. Nul effort n'était perdu, tous les succès avaient leur récompense : la fin de l'année arrivée, il réunissait les diverses écoles de sa paroisse, distribuait des prix aux maîtres et aux enfants qui les avaient mérités, et apportait dans cette distribution cette réserve dans la louange, cette simplicité dans l'appareil, qui entretiennent l'émulation sans faire naître l'ambition, et satisfont le mérite sans exalter l'orgueil.

Il avait conçu l'instruction comme un système complet d'enseignement, qui comprenait toute l'éducation de l'homme ; pour le compléter, il créa une bibliothèque où des livres, imprimés exprès pour le Ban-de-la-Roche, étaient constamment à la disposition des maîtres et des élèves, et secondaient leur ardeur pour l'étude. Il enseigna l'agriculture aux premiers, et ceux-ci l'enseignèrent aux seconds. Elle ne pouvait occuper tous les bras de ce peuple qui croissait et multipliait sous la protection de son bienfaiteur. Ce peuple avait d'ailleurs besoin d'ouvriers de divers métiers pour se suffire à lui-même. Le pasteur, qui pourvoyait si bien à tous ses besoins, envoya à l'étranger des enfants apprendre à ses frais les professions les plus utiles ; de retour dans la paroisse, qu'ils transformèrent, pour ainsi dire, en une école d'arts et métiers, ils eurent des apprentis qui furent bientôt des maîtres, et dans peu d'années le Ban-de-la-Roche, simple colonie agricole, devint un pays manufacturier. Oberlin créa des chemins pour en exploiter les produits, une caisse d'emprunt pour y répandre les capitaux, une caisse d'amortissement pour y faciliter l'extinction des dettes ; il organisa un service de santé pour venir au secours des malades, et bannit la mendicité de sa paroisse en régularisant la distribution des aumônes.

Ainsi tout ce qui constitue la société, tout ce qui compose cet ensemble d'institutions, dont le jeu produit la civilisation, la haute intelligence et la volonté persévérante d'un seul l'ont créé dans un petit canton où l'homme, avant son arrivée, végétait misérablement au milieu d'une nature ingrate et stérile. Cette terre semblait appartenir à celui qui l'avait fécondée ; ce peuple était le sien ; il régnait sur lui par l'amour qu'il lui portait, par le désintéressement dont il lui avait donné tant de preuves. Pour fonder son empire, il n'avait employé d'autres armes que celles de la charité, il n'avait recouru à d'autre force que celle de la persuasion ; ses conseils étaient des lois, l'affection de ses sujets, son autorité; il commandait par ses exemples, et on lui obéissait pour l'imiter. Il mourut plein d'années, adoré de toutes les générations qu'il avait vues descendre dans la tombe, pleuré de celles qui l'y conduisirent pour les rejoindre; son œuvre, la meilleure qu'il soit donné à l'homme d'accomplir, lui a survécu et subsiste encore.

Franchis, mon fils, la montagne qui nous sépare de ce lieu où il a passé, en s'arrêtant plus d'un demi-siècle, et lorsque tu apercevras cette heureuse paroisse, qui fut son royaume, demande où s'élève le palais du haut duquel régna ce souverain; on te répondra, pour ton éternelle leçon, en te montrant une chaumière. Édifié, attendri, tu comprendras alors qu'oubliant que celui qui l'a habitée fut autre chose, on se souvienne pourtant qu'il n'aurait rien fondé, s'il n'eût été toute sa vie un instituteur.

Voilà quel fut l'homme que tous les maîtres devraient placer au premier rang de leurs modèles; je l'ai connu vivant, et, maintenant qu'il n'est plus, je ne me console de sa perte qu'en parlant de ses vertus. Il arrive un âge où, séparés de tous ceux qui nous furent chers, nous allons par la pensée les retrouver au delà du tombeau; nous ne sommes plus que leurs ombres ici-bas, et nous mourons plutôt au monde, pour vivre avec eux, que nous n'évoquons leur souvenir pour les faire revivre avec nous. Cet âge est venu pour moi; je sens que la place commence à me manquer sur la terre et qu'une partie de moi-même l'a déjà abandonnée; l'affection de tant d'élèves, qui m'entourent, ne saurait elle-même m'y rappeler, et, renfermé tout entier dans cette vie solitaire de l'âme, qui nous détache des choses humaines, je suis parmi eux comme si je n'y étais plus. Il fut un temps où j'aurais pu m'asseoir à tous les foyers et y recevoir des bénédictions de tous les pères de famille; maintenant, quand je passe au seuil de leur maison, c'est sans appeler le sourire sur mes lèvres que les joyeuses acclamations de leurs enfants m'y offrent la bienvenue. Que te dirai-je? mes pensées suivent mes pas, et je m'achemine vers la tombe emportant avec moi ces souvenirs avec lesquels je dois l'habiter. J'y descendrai calme et résigné, car j'y retrouverai ce vénérable prêtre que les tempêtes et l'exil nous avaient ravi, que le calme et la paix nous ont rendu pour faire pendant vingt ans encore l'édification de la paroisse [1]. Je veux reposer près de lui dans la dernière demeure, c'est le vœu d'un père et presque d'un mourant; il doit être cher à son fils, et j'impose à sa piété, comme une loi, son accomplissement. A côté de cet homme de bien, le ciel a toujours marqué ma place pour qu'il fût mon appui; il me protégera jusque dans le sépulcre; la main reconnaissante qui viendra répandre l'eau sainte sur sa cendre, en laissera tomber quelques gouttes sur la mienne; ces chrétiens, qui furent ses ouailles et qui furent aussi mes élèves, après le nom de leur pasteur, prononceront celui de leur maître dans leurs prières, et la mémoire de l'un participera aux honneurs rendus à la mémoire de l'autre.

Adieu, mon cher fils, je t'embrasse et suis ton père dévoué.

[1] Voir, 3e Conférence, la lettre du prêtre émigré.

ÉDUCATION DES FILLES PAR LES INSTITUTEURS. — FÉNELON [1].

> Qui trouvera une femme forte ? Elle est plus précieuse que ce qui s'apporte de l'extrémité du monde.
>
> (*Proverbes*, ch. 31 , v. 10.)

> Retenez leur esprit le plus que vous pourrez dans les bornes communes ; et apprenez-leur qu'il doit y avoir pour leur sexe une pudeur pour la science presque aussi délicate que celle qui inspire l'horreur du vice.
>
> (FÉNELON , *de l'Éducation des Filles* , ch. 7.)

Messieurs,

Jusqu'ici les conseils que je vous ai donnés sur l'éducation et l'instruction de la jeunesse, s'appliquaient aux écoles des deux sexes, ou plutôt, ne voyant en vous que des instituteurs, je n'ai vu dans vos élèves que de jeunes garçons. Peut-être est-il bon maintenant que nous nous ressouvenions que beaucoup d'entre vous sont chargés d'instruire en même temps de jeunes filles, et qu'il est, dans la mise en œuvre des procédés généraux d'enseignement, des moyens plus propres à agir sur les enfants d'un sexe, tandis qu'il en est, au contraire, qui ne réussissent qu'avec les enfants de l'autre. Je ne vous l'ai pas caché, Messieurs, je désire vivement que chaque sexe ait, dans chaque commune, son école séparée, et que les garçons soient placés sous la direction de l'instituteur et les filles confiées à celle de l'institutrice ; mais de longtemps ce désir ne sera satisfait, et, pour la plupart, vous réunirez, toute votre vie, les fonc-

---

[1] Cette Conférence devrait, dans les premières, trouver sa place entre la 14ᵉ et la 15ᵉ.

tions de tous deux; je vais donc essayer de vous tracer les devoirs que cette réunion vous imposera à l'égard des filles.

D'abord vous ferez en sorte que, dans notre école, elles soient séparées des garçons; il ne suffira pas qu'ils aient les uns et les autres des bancs séparés, que chaque sexe ait, pour lui, un côté de la salle qui lui soit exclusivement affecté, il faudra encore qu'une cloison, partant du fond de cette salle et aboutissant aux pieds du maître, la partage en deux quartiers distincts, qui n'auront entre eux aucune communication. Les élèves de l'un n'apercevront pas les élèves de l'autre; mais le maître les surveillera et les instruira tous à la fois, de telle façon, par exemple, que, quand il fera lire la première division des garçons, il fasse lire en même temps la première division des filles, et que les enfants des deux sexes aient l'air de ne former qu'une même classe dont les élèves seraient placés sur deux bancs voisins.

Quant aux matières qui s'apprennent à l'aide de démonstrations au tableau, comme l'arithmétique, la géographie, elles pourront être à la rigueur et peut-être même avec plus d'avantage, enseignées au moyen d'une carte ou d'un tableau placé à côté du maître. Un garçon ou une fille y sera appelé, et tous les autres enfants pourront, de leur place, y suivre de l'œil et de l'oreille l'enseignement de l'instituteur et l'exercice de l'élève; ils pourront même, sans sortir de leurs bancs, répondre aux interpellations du premier, qui les interrogera, en leur montrant, sur le tableau, ce qui fait l'objet de ses questions.

Autant que possible, chacun des deux quartiers de la classe aura sa porte séparée, et un temps, assez long pour empêcher que les enfants des deux sexes ne se rencontrent en chemin ou ne s'attendent, s'écoulera entre l'entrée et la sortie des garçons et des filles. Vous ne souffrirez pas que les uns et les autres s'assemblent devant la maison d'école pour jouer en commun jusqu'à l'ouverture de la classe; vous veillerez même à ce que, pendant les heures de récréation, ils ne se donnent pas rendez-vous sur des places ou sur des promenades, où ils les passeraient ensemble.

L'âge, dans les deux sexes, nivelle les intelligences; dans l'extrême enfance, au moins, elles n'ont pas pris assez d'accroissement pour qu'il fasse ressortir leurs différences; mais, avec les années, les nuances se dessinent, le germe des contrastes ou des oppositions commence à poindre, et alors, comme le jeune arbre qui, arrivé à une certaine hauteur, divise ses rameaux et les étend dans des sens souvent opposés, sans cesser cependant de les alimenter de la même sève, les facultés de l'esprit reçoivent de la nature, en se développant, chez le jeune garçon et la jeune fille, une direction qui n'est plus la même, quoiqu'elle tende toujours au progrès.

Suivons donc, Messieurs, chez celle-ci le développement de ces facultés, et, en étudiant sa forme, recherchons les moyens de le seconder.

La destinée de l'homme n'est pas celle de la femme; une organisation plus robuste, une intelligence plus ferme et plus étendue, un besoin plus impérieux de mouvement et d'action, lui assignent en partage ces longs travaux de l'esprit, qui l'absorbent tout entier dans une application dont rien ne peut le distraire, ces travaux plus durs des mains, qui l'appellent aux champs ou l'éloignent du toit domestique; une constitution plus délicate, une sensibilité plus impressionnable, une intelligence en même temps plus légère et plus déliée, moins solide et plus bornée, fixent, au contraire, la femme au sein de sa famille, où la retiennent les soins du ménage, les embarras et les soucis de la maternité; où même elle reste attachée et par ses besoins et par ses affections, et par l'impossibilité de se mouvoir avec facilité et de supporter des travaux au-dessus de ses forces. Ainsi renfermée dans son intérieur, elle reconnaît dans le seuil de sa maison la borne de son domaine; dans les limites de cet empire, elle sera fille, épouse et mère, peut-être même sera-t-elle réduite à la dure condition de servir autrui et de vivre du prix de sa journée; puisque telle est sa destinée, élevons-la pour la remplir, élevons-la surtout pour trouver le bonheur dans une vie modeste et uniforme et dans l'accomplissement de tous ses devoirs.

A ne considérer que la marche de l'intelligence, une différence notable se manifeste entre les jeunes garçons et les jeunes filles, lorsqu'elle a reçu ses premiers développements; moins ouverte ou plus tardive chez les premiers, elle est plus précoce et plus vive chez les secondes; un rien l'y éveille, mais aussi un rien l'y distrait; si le jugement saisit vite, l'attention s'y soutient moins longtemps; les études qui se prolongent, les méditations qui approfondissent ne sont pas le lot des élèves du sexe; une imagination plus mobile, jointe à une sensibilité extrême, hâte chez elles le jeu de la pensée, excite de bonne heure la mémoire, et facilite son action. Ainsi, dans toutes les matières où elle a le rôle principal, les jeunes filles l'emportent sur les garçons; ils sont plus forts en arithmétique, mais elles apprennent mieux le catéchisme et l'histoire; ils raisonnent mieux les règles de la grammaire; mais, dans leurs compositions, des pensées plus fines nourrissent leurs récits, des images plus douces, des couleurs plus tendres peignent leurs sentiments : cultivez donc la mémoire chez les filles, et précisément parce que cette promptitude de l'esprit nuit au travail de la réflexion, et pourrait, en le laissant aller si légèrement sur les choses, lui faire perdre de sa solidité, ramenez-les souvent sur ce qu'elles ont appris, demandez-leur-en la raison, et, grâce à ces exercices d'analyse, assurez-vous qu'avec les mots elles ont classé des idées dans leurs souvenirs.

Tout, dans les jeunes filles, dispose à l'obéissance : un naturel craintif, un caractère plus doux, une sensibilité plus tendre et plus affectueuse, et jusqu'à cette faiblesse de la constitution qui cède à ce qui impose, ou qui emprunte les dehors de la soumission, alors même que, n'osant opposer un refus au commandement, elle s'y rend en apparence, pour mieux y résister. Elles s'assujettissent donc facilement à la discipline; l'exactitude n'a rien qui leur pèse, le travail rien qui les rebute; dociles à la voix du maître, elles remplissent avec une régularité ponctuelle la tâche qu'il leur donne; seulement parfois leur application se relâche, et pendant qu'un même exercice semble les occuper toutes en même temps, des regards qui errent dans la salle sans s'y fixer, un léger murmure qui se fait entendre sur les bancs, quelques rires mal contenus qui éclatent, quelques plaintes qui s'expriment par une exclamation, trahissent ici une attention distraite ou des causeries, et là une espièglerie ou une querelle. Ce sont des fautes sans gravité, qui pourraient néanmoins dégénérer en abus; il faut y veiller, de crainte qu'elles ne vous échappent, et les corriger pour les empêcher de s'étendre.

Ne les négligez donc point, et, sans compter tout réprimer, appliquez-vous constamment à diminuer le mal pour faire naître le bien; revenez souvent à l'élève inattentive, ne perdez jamais de vue la causeuse, et éloignez l'une de l'autre celles en qui vous remarquez une disposition à la contrariété, et qui ne peuvent se sentir voisines sans se quereller.

Variez le travail pour le rendre attrayant, les exercices pour soulager l'attention; multipliez les questions pour faire réfléchir, faites répéter sans cesse les choses pour qu'elles se gravent dans l'esprit.

L'éducation a plus d'importance encore chez les jeunes filles que l'instruction; l'homme vit surtout de celle-ci, mais la femme de celle-là, car c'est l'éducation qui forme son caractère et ajoute à ses vertus, en lui ôtant de ses défauts. Quelle que soit la condition où le ciel la fasse naître, la femme, d'abord et avant tout, est fille, épouse et mère; or, les devoirs que lui imposent ces divers états lui demanderont plus encore de soumission, de tendresse, de patience et de dévouement, que d'instruction littéraire et de talents d'agrément. Ici le cœur doit avoir autant de part que l'esprit, si ce n'est plus : ne soyez donc pas moins attentifs à les former l'un que l'autre.

De sa nature la jeune fille est accessible à toutes les impressions; le reproche et la contrariété ont sur elle une grande prise, et, pour peu qu'elle ait l'humeur capricieuse, son caractère tourne à la bouderie; la moindre chose est pour elle un sujet de querelle avec ses amies; pour un mot déplaisant, elle leur garde rancune, et, si vous arrêtez sur elle un regard plus sévère que de coutume, vous la voyez fondre en larmes; ce sont là des dispositions fâcheuses qu'il faut modifier avant qu'elles ne deviennent des défauts. Employez-y la douceur et le raisonnement, et surtout une fermeté qui se composera de patience et de modération; ne grondez pas inconsidérément; retenez les éclats de votre voix, éloignez les occasions de contrariété, ou, par un exemple qui sera personnel à l'élève à qui vous voudrez donner une leçon, et où elle-même aura tous les torts à se reprocher, faites-lui sentir qu'on doit en supporter de la part des autres, quand eux-mêmes en ont à endurer de la nôtre; obtenez enfin, à force de prudence et de soins, qu'une sérénité toujours égale prenne la place de la susceptibilité, et qu'une assurance pleine de mesure succède à l'extrême timidité.

La curiosité dans les femmes et même dans les jeunes filles est la source d'une infinité de défauts; elle les amène à s'enquérir des affaires des autres, à s'en occuper plus que de ce qui les concerne elles-mêmes. Cette curiosité qu'elles éprouvent n'a pas un but entièrement personnel; elles n'ont tant de plaisir à la satisfaire que parce qu'elles y trouvent le moyen de contenter celle des autres; entendre et répéter devient donc pour elles une même chose, une seule et même habitude; celle d'exagérer pour mettre plus de prix à leurs confidences, de redire le mal avec plus d'empressement que le bien pour les rendre plus piquantes, s'y joint ensuite, et toutes ensemble elles servent à alimenter de propos équivoques et d'anecdotes controuvées ces conversations où la vérité et le mensonge, également mis en circulation, se répandent avec une rapidité si fatale à la réputation du prochain, par cela même qu'elle fait la joie des méchants.

L'intelligence unie à la faiblesse produit quelquefois la finesse et l'artifice; alors, sentant leur impuissance relative, les femmes demandent à la ruse ce que la force leur refuse : de là viennent ces piéges que les jeunes filles tendent à la crédulité du maître pour tromper sa vigilance, cette dissimulation à laquelle elles recourent pour cacher leurs fautes, ces mensonges qu'elles emploient pour les excuser.

Ne vous laissez donc pas prendre à leurs ruses ; corrigez la dissimulation en la rendant inutile, et réprimez le mensonge en lui réservant vos châtiments. Modérez la curiosité par vos conseils et vos avertissements, faites suivre l'indiscrétion de la réprimande, et prévenez la médisance en mettant un frein à l'intempérance du babil. Voulez-vous faire toucher du doigt l'absurde et l'odieux de la calomnie, remontez pour cela à la source d'un de ces propos que vous avez saisis au passage lorsqu'ils couraient de banc en banc sur les lèvres des jeunes filles ; montrez comment un fait, innocent à son origine, s'est transformé en faute en circulant par la classe ; comment l'indiscrétion en produit le récit avec empressement, comment le mensonge l'a enflé de ses exagérations, comment la calomnie, même chez des enfants, l'a empoisonné de son venin. Dites ensuite que le méchant est puni par où il a péché, et que celui qui a médit des autres doit s'attendre à voir un jour médire de lui-même ; que s'il n'y a rien de pire que de mentir, de plus imprudent que de publier tout ce qu'on a entendu, il n'y a rien de meilleur que la vérité et de plus sage que la discrétion. Dites de même que, loin d'ouvrir l'oreille à des conversations qui nous sont étrangères, nous devons nous éloigner des personnes qui les tiennent ; que, loin de répéter ce que des amis nous confient, nous devons même renfermer dans notre conscience ce que le hasard nous a fait apprendre des secrets de nos ennemis. Dites enfin que le plus sûr est d'atténuer, pour l'excuser, le mal qu'on nous rapporte des autres, et que nous ne l'aurons pas encore dépouillé de tout ce que la malveillance y aura ajouté avant qu'il n'arrive jusqu'à nous. Cette générosité n'est que de la raison ; le moindre calcul suffirait pour la conseiller : elle est si rare cependant qu'on la proclame comme une vertu. Qu'éclairées par vos leçons, vos élèves s'en fassent une loi, et qu'elles l'observent néanmoins plus encore parce qu'elle est un devoir que parce qu'elles en sentent le prix.

Les défauts des enfants sont les mêmes que les nôtres; seulement ils se ressentent de leur faiblesse : leur caractère s'y peint comme dans leurs bonnes qualités, et, à leur germe, il est facile de voir ce qu'ils doivent produire. L'amour-propre, dans le jeune garçon, pousse déjà à l'orgueil, dans la jeune fille, à la vanité : coquetterie frivole, qui tire avantage d'un ruban qu'on lui donne, d'une fleur qu'on lui permet de cueillir; jalousie passionnée, qui s'afflige d'une préférence qu'elle n'a pas obtenue, d'une faveur qu'elle ne saurait obtenir sans la partager. Préservez vos élèves de ce défaut qui un jour deviendrait un vice et ferait leur tourment. Ne laissez pas ces jeunes filles se vanter de la position de leurs parents, de leur naissance ou de leur fortune; ne souffrez pas non plus que, donnant à la toilette un temps que réclame l'étude, elles se mirent, sous vos yeux, dans leurs beaux habits; on ne saurait jamais s'y prendre trop tôt pour les prémunir contre les sollicitations du luxe : la recherche dans la mise est ce qui conduit le plus promptement une femme à sa perte.

Les vertus cependant l'emportent de beaucoup sur les défauts dans cette moitié de l'homme en qui réside une source inépuisable de tendresse et de bonté. Ici, Messieurs, observez bien la merveilleuse puissance de la sensibilité, et vous en verrez sortir, non-seulement la plupart des vertus des femmes, mais encore les moyens les plus efficaces de corriger leurs défauts : c'est la sensibilité, en effet, qui communique chez les femmes aux affections de famille et à la simple compassion quelque chose de si doux, de si affectueux, de si dévoué. C'est elle qui fait aussi que la jeune fille, soumise et obéissante, s'émeut si profondément de la réprimande du maître, et que, toujours disposée à suivre la volonté des autres, elle se laisse, par pure complaisance, aller à leurs caprices. Cette sensibilité a, chez elle, la spontanéité de l'instinct; les larmes d'autrui font couler les

siennes : dans vos écoles, il n'est pas rare de voir la puni-
tion d'une seule élève devenir une désolation pour toute la
classe, et toute la classe s'offrir pour la racheter au prix
d'une privation. Qu'un accident y survienne, on s'empresse
autour de l'enfant qui en a souffert, et toutes volent pour
lui porter secours. Vous n'eussiez pas rencontré ces émotions chez des garçons; ils vous auraient vus, les yeux secs,
punir leur voisin, et la compassion ne les aurait pas si
promptement portés autour du camarade affligé, pour es-
suyer ses larmes.

La vie d'intérieur est pour la femme comme son élément;
toutes les qualités, toutes les habitudes qui sont propres à
y procurer le bien-être, à y répandre le contentement et la
joie, y sont le produit de la sensibilité, ou empruntent de
cette sensibilité même un nouveau stimulant; par amour
pour ses parents, pour son époux, pour ses enfants, pour
tous ceux qui l'entourent et qui attendent quelque chose de
ses soins, la jeune fille, la mère de famille, la maîtresse
de maison se livre tout entière à ces travaux si pénibles,
si assujettissants du ménage, qui l'occupent si exclusivement, que, renfermée dans sa demeure, elle ne s'imagine
pas qu'on puisse vivre hors de là[1]. Préparez donc vos élèves
à cette vie d'intérieur en louant ses douceurs, en faisant
ressortir son utilité, surtout en leur inspirant cet esprit
d'exactitude, d'ordre et de propreté, qui en est la première
et indispensable condition. L'ordre suit de lui-même dans
la maison l'enfant qui l'a connu dans la classe; l'exactitude
de l'élève répond de celle de la ménagère; et la propreté que
vous lui aurez commandée quand vous l'aviez sous vos yeux,
elle la fera briller un jour dans son ménage, bien qu'il n'y
ait pas un maître pour l'exiger; elle aura appris de vous
qu'en mettant chaque chose à sa place on ne perd point de

---

[1] « Elle a porté la main à des choses fortes, et ses doigts ont pris le
fuseau.

« Elle a considéré les sentiers, et elle n'a point mangé son pain dans
l'oisiveté. » (*Proverbes*, ch. 31, v. 19 et 27.)

temps à la chercher, et que la tenir propre, c'est le moyen d'en augmenter la durée.

Vous direz donc tout cela aux jeunes filles; il est encore d'autres choses qu'on pourrait leur enseigner, mais je ne veux pas qu'elles l'apprennent dans vos classes, à moins que le souci de vos devoirs, l'amour de votre état, le bonheur de vos élèves, vous poursuivant de leurs préoccupations jusque dans le choix d'une épouse, vous n'ayez pris la vôtre parmi ces jeunes personnes qui ont reçu en même temps le double bienfait d'une instruction solide et d'une bonne éducation, et joignent la tendresse et la douceur d'une mère à la patience et au dévouement d'une institutrice. Alors vous aurez un second : votre compagne travaille à votre tâche, elle achève ce que vous commencez, et elle élève avec vous les jeunes filles que vous instruisez. A côté de votre classe s'en trouve une autre, ou bien, dans votre salle, elle succède à celle que vous tenez; ce second que vous vous êtes donné y réunit une heure ou deux par jour, à mesure que l'âge les rend propres aux travaux qui sont la spécialité de leur sexe, les jeunes filles que vous comptez parmi vos élèves; elle leur apprend successivement le tricot, la couture et la broderie; elle leur montre à faire et à réparer non-seulement les vêtements des femmes, mais même une partie de ceux des hommes [1]; elle leur dit comment on traite le linge, comment il se lave, comment il se conserve; n'auront-elles pas un jour à s'occuper de tout cela dans la maison de leurs parents, dans celle d'un maître, dans celle même qui leur appartiendra, puisqu'il n'en est guère sans doute qui ne deviennent mères de famille? Elle leur fait sentir alors tous les avantages de la propreté sur la personne, si supérieure à la richesse des habillements, qu'elle est pour les fortunes les plus médiocres une sorte de luxe qui nous séduit toujours et ne nous offense jamais. Quelque vieux qu'il soit, un vêtement, s'il est ré-

---

[1] « Elle a cherché la laine et le lin, et elle a travaillé avec des mains sages et ingénieuses. » (*Proverbes*, ch. 31, v. 13.)

paré, ne fait pas moins d'honneur au pauvre qu'un habit
neuf à l'homme opulent ; une jeune fille, une femme doivent
mettre leur gloire à ce que personne de la famille ne pa-
raisse en public avec un habit déchiré, à ce qu'on n'entre
jamais dans la maison que les regards ne soient charmés
par l'ordre qui règne dans toutes ses parties, et par la propreté qui reluit sur toutes les pièces du mobilier.

C'est surtout dans la confection des habillements que se
montre le goût ; il peut s'exercer à l'école, car la femme
de l'instituteur y apprend aux jeunes filles que ce n'est pas
la richesse qui fait le mérite d'une parure, mais les rapports
de convenance qui existent entre cette parure et la personne qui la porte ; la connaissance de ces rapports est le
goût, chose qui est moins d'étude que de sentiment et de
pratique ; il assortit les couleurs et les étoffes à l'âge et aux
saisons, à l'état et à la physionomie ; il ajuste les vêtements
à la taille pour faire ressortir la beauté des formes, et s'attache à faciliter les mouvements du corps en lui laissant
toute sa liberté ; il exclut la recherche et la bizarrerie ; il
accorde l'élégant avec le solide, et met au-dessus de tout
le naturel et la simplicité : car les véritables grâces, dit
Fénelon, suivent la nature et ne la gênent pas [1]. Une chose
doit passer avant toutes les autres dans la mise des femmes,
c'est la décence, qui est la gardienne de la pudeur et la
compagne de la modestie ; on ne l'apprend pas aux jeunes
filles, mais on les y habitue. Lorsqu'elles ont grandi avec
cette habitude, et que des conseils donnés à propos par une
femme leur en ont fait sentir le prix, elles la possèdent pour
ne jamais la perdre.

Dans cette classe que votre compagne tiendra à côté de
vous ou après vous, l'application sera plutôt dans l'attention au travail que dans l'étude ; tandis que les mains agi-
ront, l'esprit se reposera ; l'œil suivra seulement les doigts
pour les empêcher de s'égarer ; l'institutrice guidera les
élèves par ses conseils ; elle verra l'ouvrage de chacune

____

[1] *Éducation des Filles*, ch. 10.

pour le rectifier en lui faisant ses observations; elle animera la classe par des encouragements, et la distraira de temps en temps par une conversation familière, qui instruira sans en avoir la prétention. À propos des vêtements que l'on coud sous ses yeux, elle dira comment le linge se produit; elle n'hésitera pas à parler de la culture du chanvre et du lin, de la fabrication du fil et de la toile. Des soins de l'homme elle passera à ceux du bétail, qui lui est si utile, et n'oubliera pas la basse-cour, qui lui apporte aussi ses profits : la préparation des aliments l'amènera naturellement aux notions du jardinage et aux moyens de conserver les légumes et les fruits; elle ne négligera pas les fleurs, qui demandent si peu de temps à la ménagère et si peu de place au jardin, où un coin, une banquette leur suffit; elles relèvent l'agreste simplicité du potager qu'elles décorent, et, aux jours de fête, elles vont parer l'autel rustique ou les meubles du logis.

Ce sont ces travaux divers qui composent l'économie domestique; dans les livres elle est une science, dans ces conversations de l'institutrice elle n'est que l'exposé de sa propre pratique; elle ne coûtera ni livres, ni encre, ni papier; point de notes à prendre, de rédactions quotidiennes à rapporter; la maîtresse dira, et, de retour à la maison, les jeunes filles, devenues ménagères, feront comme elle aura dit.

Vous instruisez en maîtres, Messieurs, votre compagne enseignera en mère de famille, par le conseil et par l'exemple; que son enseignement s'élève donc quelquefois jusqu'à ces vertus dont on ne parle jamais si éloquemment que quand on les pratique, et qui trouvent, dans les relations domestiques, de si fréquentes occasions de s'exercer. Il en est une dont elle doit les entretenir sans cesse; c'est la charité : la charité, la plus douce, la plus tendre et la plus utile de toutes les vertus; si naturelle chez les femmes que, pour la connaître, elles n'ont besoin que d'écouter leur cœur, et que, pour la pratiquer, elles n'ont qu'à suivre leurs inclinations. Ici l'institutrice ne dissertera pas pour faire ressortir le caractère éminent de cette vertu, et pour établir les devoirs qu'elle impose à tous les hommes; des récits empruntés à la Bible, une parabole puisée dans le Nouveau Testament, un conte tiré des nombreux ouvrages destinés à l'éducation de l'enfance, tiendront lieu de préceptes; il ne restera plus, pour exercer ces jeunes cœurs à la bienfaisance et pour féconder les élans de la sensibilité émue par cette lecture, qu'à diriger ses mouvements, en indiquant toutes les formes que la charité peut revêtir pour servir l'humanité. Ici c'est l'infirme qu'elle visite, l'affligé qu'elle console, le voyageur auquel elle offre un abri; là, le malade qu'elle entoure de ses soins, l'orphelin qu'elle habille le pauvre honteux auquel elle porte ces aumônes discrètes, qui sont de toutes les plus utiles à l'homme et les plus agréables à Dieu[1]. Mais, pour opérer des merveilles, la charité a besoin d'intelligence : l'institutrice éclairera donc celle de ses élèves; elle leur montrera à recueillir, en temps utile, ces graines qui ensemenceront le champ du pauvre, à préparer, en automne, ces conserves dont elles feront, en hiver, l'aliment choisi du convalescent, ou bien elle leur apprendra à donner au blessé les premiers soins, en attendant l'arrivée du médecin, à traiter ces indispositions légères, qui ne réclament point la présence de l'homme de l'art, et se guérissent au moyen du régime ou d'une boisson adoucissante.

L'homme enseigne la science du bien, la religion seule peut nous donner le courage d'accomplir les bonnes œuvres, en dépit des répugnances et de l'ingratitude, et de faire part de nos bienfaits à ceux qui nous haïssent en même temps que nous les répandons dans le sein de ceux qui nous aiment. La religion entrera donc aussi dans l'enseignement de l'institutrice, mais je ne veux rien ici qui sente la méthode ou la controverse, la contrainte du devoir, ou l'application de l'étude; que votre compagne se souvienne

---

[1] Elle a ouvert sa main à l'indigent; elle a étendu son bras vers le pauvre. » (*Proverbes*, ch. 31, v. 20.)

qu'elle est mère, et qu'à toutes ces jeunes filles elle enseigne la religion comme aux siennes, en empruntant sa voix pour donner des conseils, en chargeant sa propre pratique de prouver la douceur de son empire. Qu'elle la mêle parfois aux entretiens, avec à-propos, avec précaution, pour en augmenter l'intérêt, mais non pour les remplir; qu'elle rattache à tout une pensée religieuse, que cette pensée soit douce et riante et qu'elle montre ainsi que cette religion, dont elle procède, ne nous impose sa loi que pour rendre notre existence plus heureuse et plus tranquille. Formée par ces leçons, l'enfant verra en elle sa protectrice; elle croîtra dans son amour et, devenue plus grande, elle s'habituera à l'invoquer dans toutes les situations de la vie : dans la prospérité, afin qu'elle lui apprenne à en faire un bon usage; dans le malheur, afin qu'elle lui donne la force nécessaire pour en supporter l'épreuve avec résignation. La foi peut naître de l'enseignement, mais elle s'affermit par le culte; la pratique vaut donc mieux en cette matière que le raisonnement. Heureuse la femme qui croit! elle ne pleurera jamais que la foi ne vienne sécher ses larmes. Elle demanderait en vain à une religion qui lui aurait laissé le doute, d'adoucir ses peines; en descendant au fond de son âme, elle n'y trouverait que le vide et la solitude ; elle aurait beau y discuter avec elle-même; Dieu, qui ne l'habiterait point, ne viendrait pas à sa voix lui offrir ses consolations [1].

Ne croyez pas, Messieurs, qu'en vous entretenant ainsi de la manière d'élever les filles, je vous indique une voie

---

[1] « Rien n'est plus heureux et plus nécessaire que de conserver un sentiment qui nous fait aimer et espérer, qui nous donne un avenir agréable, qui accorde tous les temps, qui assure tous les devoirs, qui répond de nous à nous-mêmes, et qui est notre garant envers les autres. De quel secours la religion ne vous sera-t-elle pas ainsi contre les disgrâces qui vous menacent? car un certain nombre de malheurs vous est destiné. Un ancien disait *qu'il s'enveloppait du manteau de sa vertu;* enveloppez-vous de celui de votre religion; elle vous sera d'un grand secours contre les faiblesses de la jeunesse, et un asile assuré dans un âge plus avancé. » (Mme DE LAMBERT, *Avis d'une Mère à sa Fille.*)

nouvelle : un homme de génie, un de ces apôtres de l'humanité dont les derniers siècles entendront encore bénir le nom et les bienfaits, Fénelon l'avait ouverte avant nous; je ne sais s'il y est entré le premier, mais, depuis qu'il a écrit de l'*Éducation des Filles,* on ne s'est pas souvenu qu'aucun autre en eût parlé avant lui. Il fut la gloire de l'épiscopat français; disons-le cependant, à l'honneur de l'instruction élémentaire, il commença par être la sienne. Cet homme, qui possédait dans sa mémoire tous les trésors de l'antiquité et qui portait en lui-même le don du génie, cet homme se fit humble, et, pendant dix ans qu'il se livra à l'enseignement des Nouvelles converties, ou au ministère de la parole dans les Missions du Poitou, il fit entendre, dans des temples couverts de chaume, une éloquence qui n'eut peut-être point d'égale en son temps. Il prêcha la foi aux simples de cœur, pour se préparer à la prêcher aux grands de la terre; il avait près de quarante ans, qu'il n'avait encore rien écrit, et celui qui devait doter la langue française de l'immortel *Télémaque,* débuta dans la carrière littéraire par le petit traité de l'*Éducation des Filles.* Ce livre est le guide de la mère du pauvre comme de celle du riche; celle qui le suivra élèvera ses filles pour toutes les conditions; elle pourrait les mener dans la maison d'un maître pour le servir ou dans celle de l'homme opulent pour devenir son épouse [1]; partout la vertu s'honorerait de leurs actions, car leur conduite serait le fruit de ses maximes dictées par Fénelon. Tel est le charme d'une production où l'âme de l'écrivain s'est répandue tout entière, ou le bon sens, la douceur et la bonté respirent à chaque page, qu'après plus d'un siècle et demi, elle n'a pas encore vieilli; le style y a conservé sa grâce et sa fraîcheur; le fond des idées y reste toujours le même; c'est toujours un chef-d'œuvre de raison et de délicatesse, et c'est à peine si

---

[1] « Elle ceint ses reins de force, elle endurcit son bras.

« Son mari est illustre dans les conseils, où il est assis avec les hommes les plus vénérables. » (*Proverbes*, ch. 31, v. 17 et 23.)

le temps lui a enlevé un peu de l'à-propos de ces rares conseils, qui tiennent à l'observation des mœurs de l'époque. Lisez ce livre excellent d'un homme divin, lisez-le souvent; si votre compagne doit vous prêter son concours, qu'elle le lise comme vous, qu'elle le médite et qu'elle se pénètre bien de son esprit et de sa sagesse.

C'est l'œuvre d'un goût pur, d'un cœur plein d'amour et de charité, mais c'est surtout l'œuvre de l'expérience : comme Rollin devait le faire plus tard, Fénelon avait vieilli, pour ainsi dire, dans l'enseignement avant de songer à en écrire. Les procédés qu'il développe avec tant de méthode sont ceux de sa pratique, et les conseils qu'il donne aux maîtres ont d'abord fait la règle de sa conduite.

La Providence lui ménageait une haute fortune, elle le préparait par l'éducation des pauvres à celle de l'héritier du trône : le livre de Fénelon valut à son auteur l'amitié du gouverneur du duc de Bourgogne; le duc de Beauvilliers était fait pour comprendre une si belle âme, il désigna l'humble missionnaire au choix de Louis XIV, et le grand roi le donna pour précepteur à son petit-fils. Fénelon éleva le jeune prince pour la France; mais, après le lui avoir montré, le ciel le lui retira, et elle ne jouit pas des délices que son règne lui promettait. Admirons ici, Messieurs, la puissance de la vertu chez le maître et chez l'élève; elle est si grande qu'alors même que le monde n'a pu recueillir les bienfaits qu'il attendait d'une si noble éducation, l'histoire néanmoins tient compte des espérances qu'elle avait fait concevoir; la France se souviendra éternellement que Fénelon lui avait préparé un bon roi dans le duc de Bourgogne, et, quoique ce prince soit mort sans avoir régné, la gloire de l'avoir élevé lui a survécu.

PARIS. — IMPRIMERIE PANCKOUCKE, RUE DES POITEVINS, 14.